Lb 195. 48

LETTRES

RELATIVES

A UNE ORDONNANCE

DU 24 JUILLET 1815,

ADRESSÉES

A M. LAMB... DE JOAN...

A PARIS,

DE L'IMPRIMERIE DE MIGNERET,

RUE DU DRAGON, F. S. G., N.º 20.

1815.

AVERTISSEMENT
DE L'ÉDITEUR.

Les trois Lettres suivantes m'ont été adressées dans le courant du mois d'Août, par le Prélat dont elles portent la signature. Je les publie, sans manquer à la délicatesse, parce qu'elles n'ont pour objet que des faits bien connus, et des principes de Droit public dont la discussion est d'un grand intérêt.

Comme dans l'intention de l'Auteur, ces Lettres n'étaient pas destinées à l'impression, le texte des originaux n'est accompagné d'aucune citation en marge. Je n'y ai trouvé que deux notes assez courtes, et que le Lecteur reconnaîtra sans peine.

Mais avant de les publier, j'ai cru devoir suppléer une omission assez usitée dans la Correspondance épistolaire. J'ai donc vérifié par moi-même les citations qui se rencontrent fréquemment dans les deux premières Lettres, et mes recherches ont confirmé la persuasion où j'étais de leur exactitude. Delà les renvois en marge, et chaque Lecteur aura, par ce moyen, plus de facilité pour vérifier à son tour, s'il le juge à propos.

LETTRES

RELATIVES A UNE ORDONNANCE
DU 24 JUILLET 1815.

PREMIÈRE LETTRE.

Paris, le 12 août 1815.

Vous savez, monsieur, que je suis dévoué, par sentiment et par devoir, à Sa Majesté. Ainsi, vous pouvez croire que ma conscience me rend le témoignage, que je n'ai pas manqué à la fidélité qu'elle avait droit d'exiger de moi.

J'entrerai d'autant plus volontiers avec vous dans l'examen que vous paraissez desirer de mes principes et de ma conduite sous ce rapport, qu'ayant été destitué de la Pairie, par l'Ordonnance du 24 juillet dernier, je me suis interdit jusqu'au plus léger murmure, lorsque j'ai eu connaissance de la dégradation civile qu'elle me fait subir sans jugement préalable.

Non-seulement je n'en ai pas murmuré. Mais quoique je sois loin de reconnaître l'*abdication* ou la *démission* que cette Ordonnance m'attribue ; j'ai renoncé à toute réclamation fondée sur la Charte constitutionnelle, en vertu de laquelle je suis nommé *Pair à vie*. D'autres feront valoir leurs droits, s'ils le jugent à propos. Pour moi, libre de disposer, comme le dit le préambule de l'Ordonnance, d'un intérêt qui m'est purement personnel, je garderai le silence, et le Roi ne peut voir dans cet abandon qu'un pur hommage de respect et de dévouement.

Les principes qui ont déterminé ma conduite dans la dernière occasion sont bien simples, et je puis les avouer sans crainte à la face de toute l'Église, et en présence de tous les Publicistes. Ce sont les mêmes principes qui ont décidé ma rentrée en France en 1802, pour aider à ranimer et à rétablir, selon mon pouvoir, le peu qui restait de religion dans ma patrie. A cette époque, je soumis à l'examen le plus rigoureux, comme vous l'avez su dans le temps, la seule question qu'il y eût alors à résoudre, la seule qui intéressât la conscience d'un prêtre ou de tout homme timoré, lorsque les circonstances l'appellent à promettre obéissance ou fidélité à un usurpateur et à ses lois. On voit que la question, ainsi posée, n'a rien de commun avec celle de la légitimité ou de l'illégitimité de la puissance de l'usurpateur. Cette question fut discutée dans un Écrit publié à Londres au

commencement de 1802, et qui renferme un
« appel solemnel à tous les prêtres catholiques,
» aux prêtres de toutes les communions chré-
» tiennes indistinctement, à tous les hommes
» d'État et à tous les Publicistes (*a*). »

Non-seulement l'ouvrage est resté sans réponse ; mais de tous les nombreux Écrits qui ont paru à Londres depuis 1801 sur le même sujet, ou sur d'autres sujets analogues, je n'en connais pas un seul qui ait effleuré la question, en la présentant sous son véritable point de vue.

Je crois devoir joindre ici un résumé des autorités graves sur lesquelles l'auteur s'est appuyé.

Bossuet dit, que « Jésus-Christ n'examine
» pas *comment* était établie l'autorité des Cé-
» sars. C'est assez qu'il les trouvât établis et
» régnans (*b*). » Voilà le germe et l'expression concise d'une grande vérité politique et religieuse. Ce qu'on va lire n'en sera que le développement.

(*a*) Réponse à un Écrit intitulé : Éclaircissemens demandés à M. l'archevêque d'Aix, par un Prêtre catholique français.— Londres, chez L. L'Homme, n.º 93, New Bond Street. 1802.

(*b*) Polit. sacrée, liv. VI, art. 2.

Fénélon trouve le principe du devoir de l'obéissance « dans le consentement, *libre ou forcé*, du peuple (*a*). »

M. de Sacy, dans ses Commentaires sur les Épîtres de S. Pierre et de S. Paul, veut qu'on soit soumis « à tous ceux qui gouvernent *par le fait*, bons ou méchans, *légitimes ou usurpateurs*, justes ou tyrans, quels qu'ils soient (*b*). »

L'abbé Fleury, dans son Histoire ecclésiastique, rapporte l'exemple de Phocas, assassin de Maurice, et usurpateur, « qui fut couronné par le patriarche Cyriaque, et dont l'image, ainsi que celle de Léontia, fut placée par le pape S. Grégoire dans l'Oratoire de S. Césaire (*c*).

Le saint Pape, dit M. Béraut de Bercastel, dans son *Histoire de l'Église*, « ne pouvait voir ces images sans horreur ; mais il se soumit à l'ordre terrible de la Providence (*d*). »

(*a*) Principes de M. de Fénélon sur la souveraineté, tirés d'un Essai sur le gouvernement civil, par M. de Ramsay, chap. VI.

(*b*) Comm. sur la première Ép. de S. Pierre.

(*c*) Hist. ecclés., l. XXXVI, n.° 45.

(*d*) Hist. de l'Égl., t. VI, l. 20.

Arrêtons-nous un moment sur ce grand exemple.

On cherche à l'éluder, sous prétexte que la plupart des révolutions du Haut et du Bas-Empire, étaient consommées sur-le-champ et sans retour, et cela est vrai de quelques-unes. On ajoute que Phocas, par exemple, était mieux établi dès le premier jour que les usurpateurs modernes ne le sont après dix ans, et pour le prouver, on s'appuie principalement sur ce que dit M. Le Beau, dans son *Histoire du Bas-Empire,* que « la soumission de C. P. et du reste de l'Empire, parut à S. Grégoire un titre suffisant en faveur de Phocas (*a*). »

Voyons maintenant quelle a été, d'après l'histoire, la soumission de C. P. et du reste de l'Empire envers Phocas.

S. Grégoire, dit Bercastel, demande à Phocas des secours contre les Lombards; mais Phocas, « assez embarrassé par les suites ordinaires des grands attentats, n'était pas en état d'en envoyer (*b*). »

La faction des Verts qui était la plus forte à C. P., dit Fleury, était pour Phocas; la faction des Bleus était contre.

(*a*) Hist. du Bas-Emp., t. XII, l. 45.
(*b*) Hist. de l'Égl., t. VI, l. 20.

« Attaqué au dehors par les Perses qui rava-
» geaient l'Orient, dit encore Fleury, et au-
» dedans par les conjurations qui se formaient
» contre lui de jour en jour, il succomba au
» bout de quelques années. (*a*). »

Gibbon raconte que « lorsque Phocas fit an-
» noncer à Chosroës (roi de Perse) son avène-
» ment au trône impérial, Chosroës déclara
» qu'il ne voulait point de liaisons avec l'usur-
» pateur, et qu'il vengerait Maurice son bien-
» faiteur. » Le Beau ajoute que « Chosroës pu-
» blia qu'il ne prenait les armes que pour éta-
» blir sur le trône le légitime héritier (*b*). »

« Le fantôme, dit Gibbon, d'un fils de Mau-
» rice (que le peuple croyait encore vivant)
» troublait le repos de l'usurpateur....... Le
» peuple attendait son vengeur (*c*). »

Du fond de sa prison, Constantina, veuve
de Maurice, ourdit plus d'une conspiration.
« A la vue de cette princesse, dit le Beau, et
» de ses trois filles infortunées, le peuple se
» soulève, on prend les armes, on met le

(*a*) Hist. ecclés. l. XXXVI, n.° 45.

(*b*) Hist. de la décad. de l'Emp. rom., t. VIII, ch. 46;
— Hist. du Bas-Emp., t. XII, l. 55.

(*c*) Hist. de la décad. de l'Emp. rom., t. VIII, ch. 46.

» feu au Prétoire ; la flamme se répand dans
» la ville (a). »

Le redoutable Narsès, disent Le Beau et Gibbon, arbore le drapeau de l'indépendance dans la Syrie.—Les factions Verte et Bleue sont aux prises.—Chosroës envahit les provinces d'Asie.—Agilulf, soutenu par les Esclavons, s'empare de Crémone, de Mantoue, de Vulturnie et des villes de la Toscane.—Les ducs de Bénévent et de Spolette ravagent les campagnes de Rome et de Ravenne.—Tout l'Empire est dans la confusion. (b).

De nouvelles conspirations se préparent.—Les intrigues, dit le Beau, s'étendent dans les provinces. Enfin Héraclius débarque à C. P. avec sa flotte, et termine, au bout de sept ans, l'usurpation de Phocas par sa mort (c).

Voilà quelle fut, en réalité, *la soumission de C. P. et du reste de l'Empire* au gouvernement de l'usurpateur Phocas. Il s'asseoit sur un trône souillé de sang. L'armée le proclame. La terreur le soutient ; mais depuis le premier moment jusqu'au dernier, il est troublé par les

---

(a) Hist. du Bas-Emp., t. XII, l. 55.

(b) Hist. de la décad. du Bas-Emp.—Hist. du Bas-Emp.

(c) Hist. du Bas-Emp.

plus vives, les plus effrayantes réclamations. —Il n'a pas été un seul instant Empereur *de droit*.

Néanmoins l'usurpateur régnait *par le fait*, et c'est pour cela que le pape S. Grégoire plaça ses images dans l'Oratoire de S. Césaire. C'est à raison de ce *règne de fait et non de droit* que le saint pape exprima ses vœux pour Phocas dans des termes, dit Le Beau, qui sentiraient la flatterie *s'ils n'eussent pas été de style* (*a*), s'ils n'eussent pas bien plus exprimé les devoirs de l'homme revêtu de la puissance souveraine que ses qualités personnelles. C'est à raison de ce *règne de fait et non de droit* que S. Grégoire, dit Bercastel, « écrivit au nouveau » maître pour procurer tout le bien, ou du » moins pour empêcher tout le mal qu'il pour- » rait (*b*) » ; et je ne fais ici cette observation, applicable à tant d'autres circonstances, que pour venger des injustes sarcasmes de Bayle et de Gibbon la mémoire d'un grand homme, d'un grand pape justement révéré par l'Église, et loué par tous les Écrivains que la partialité n'a pas aveuglés.

Les mêmes principes, les mêmes exemples se

(*a*) Hist. du Bas-Emp., t. XII, l. 55.
(*b*) Hist. de l'Égl., t. VI, l. 20.

retrouvent à toutes les pages de l'histoire, dans tous les Traités de morale-politique. On les enseignait publiquement avant la Révolution, pendant les règnes de Louis XIV et de Louis XV, sous l'empire des monarchies le plus fortement constituées.

C'est de nos jours seulement, par suite de l'inconséquence qui caractérise l'esprit de réaction, qu'on s'est avisé de les contredire ou de les oublier.

Quel est, par exemple, le royaliste dont l'éducation était achevée au moment où éclatèrent nos troubles civils, qui n'ait pas préconisé cent fois, avec l'Église et avec tous les hommes d'État, *l'inébranlable fidélité* de S. Ambroise pour ses souverains, les empereurs Théodose et Valentinien-le-Jeune ? Quel est celui qui, en lisant son Oraison funèbre de Valentinien, massacré par le comte Arbogaste à l'âge de vingt ans, n'y respire pas encore aujourd'hui ce parfum de tendres regrets, d'amour et de fidélité qui la rendent si remarquable (*a*) ?

Voyons maintenant quelle a été la conduite de ce même S. Ambroise envers l'usurpateur du trône de Valentinien ? Voyons quelles furent les maximes que suivit ce pontife qu'on

---

(*a*) S. Ambr., *de obitu Valentin.*

n'accusera ni de félonie contre son souverain, ni d'avoir flatté bassement l'homme revêtu de la puissance.

Le grammairien Eugène devient empereur *de fait*. Il relève *l'autel de la Victoire*, et les autres temples de l'idolâtrie. Il orne ses Enseignes militaires de l'image des dieux du paganisme. Dès-lors S. Ambroise ne peut plus communiquer avec lui dans l'usage des choses saintes, et il évite sa présence : *Ejus vitabam præsentiam*, écrit S. Ambroise à Théodose, *quia se sacrilegio miscuisset* (a).

Mais comme Eugène régnait *par le fait*, quoiqu'il ne régnât pas *de droit*, S. Ambroise donne au siècle où il vivait, et avec l'approbation de Théodose, l'exemple que le pape S. Grégoire devait suivre deux cents ans plus tard. « Il écrit » au nouveau maître pour procurer tout le » bien, ou du moins pour empêcher tout le » mal qu'il pourrait. » Je suis responsable, dit le saint archevêque à Eugène, assis sur le trône impérial, et qu'il appelle très-clément empereur, suivant le style d'usage : *Clementissimo imperatori*, « je suis responsable de mes paroles » devant Dieu et devant les hommes : » *Quoniam meis vocibus apud Deum et apud homi-*

(a) *Epist.* LXI, an. 394.

nes teneor. « Lorsque mon ministère l'a de-
» mandé, je vous ai écrit, je vous ai conjuré: »
*Ubi causa emersit officii mei......... et scripsi,
et rogavi.* « J'ai voulu montrer à tous que j'a-
» vais pour vous le respect et la déférence qui
» sont dus à la puissance, parce qu'il est écrit :
» Rendez l'honneur à celui qui est investi de
» l'honneur ; payez le tribut à celui qui impose
» le tribut : » *Ut ostenderem....... me exhibere
sedulitatem potestati debitam, sicut et scriptum est : Cui honorem, honorem ; cui tributum, tributum.* « Et comment pourriez-vous
» croire qu'après avoir vécu cordialement avec
» vous pendant votre vie privée, je veuille
» manquer aujourd'hui à ce qui vous est dû
» comme empereur ? » *Nam cùm privato de-
tulerim corde intimo, quomodò non deferrem
imperatori* (a) ?

Voilà quelle a été envers le rhéteur Eugène
la conduite du saint archevêque, qu'on cite
d'ailleurs avec raison comme un modèle de fidélité. Voilà ce qu'il écrivait à un fantôme
d'empereur créé par Arbogaste, au moment
même où Théodose, seul empereur *de droit*,
se préparait à le renverser du trône, et à le pu-
nir comme usurpateur. Tous les souverains,

(a) *Ep.* LVII. *sub fin. an.* 392, *vel init. an.* 393.

tous les gens de bien ont applaudi à la conduite et au langage de S. Ambroise, et il est à présumer que l'Église chrétienne ne se lassera jamais de répéter : « Il convient que le pontife témoigne à Eugène la déférence qui est due à la puissance, qu'il rende l'honneur à celui qui est investi de l'honneur, et le tribut à celui qui impose le tribut : » *Decet me exhibere sedulitatem potestati debitam, sicut scriptum est: cui honorem, honorem; cui tributum, tributum.*

Adieu, Monsieur. Après-demain je poursuivrai la discussion que je viens d'entamer.

† L. M. Archev. de Tours.

SECONDE LETTRE.

Paris, le 14 août 1815.

Voici, Monsieur, la continuation de ma lettre d'avant-hier.

Venons à nos temps modernes, et montrons que tout est d'accord. Les passions, les intérêts varient ; mais la doctrine est uniforme.

Le pape Pie VI ordonne au clergé romain de jurer fidélité et attachement, *fedeltà ed attacamento*, à la république et à la constitution romaine (*a*).

Le même pape, dans ses brefs de 1799, suppose « que les devoirs inaltérables de la reli-
» gion catholique sont compatibles avec l'*o-*
» *béissance* et une *fidélité* sincère envers les
» magistrats romains (*b*), » dont l'autorité usurpatrice n'était toutefois fondée que sur la ruine de son autorité légitime.

(*a*) Bref de N. S. P. le pape Pie VI, en 1799, à Mgr Boni, archevêque de Naz., et Pro-vice-gérent de Rome.

(*b*) *Ibid.*

Quand les évêques de l'assemblée constituante juraient fidélité *à la Nation, à la Loi et au Roi,* la monarchie n'existait plus; la souveraineté et son exercice étaient dans les mains de la Nation. Les évêques n'approuvaient pas ce principe, et pourtant ils juraient de s'y conformer.

Dira-t-on que le Roi et le Pape ont approuvé la prestation du serment dans leurs États respectifs? Mais ni Louis XVI pour sa dynastie et pour ses sujets, ni le pape Pie VI pour le Siant-Siège, n'avaient le droit d'aliéner la souveraineté; l'un et l'autre ne pouvaient pas rendre le serment légitime, s'il ne l'était par lui-même à raison des circonstances, et comme étant le le seul moyen d'éviter de plus grands maux.

C'est dans cet esprit que M. de Thémines, évêque de Blois, disait avec l'applaudissement de tous les évêques et des royalistes les plus zélés : « En faisant un serment de fidélité quel-
» conque, on engage sa *soumission,* et non
» pas son *suffrage.* Les puissances et les cons-
» titutions sont des faits, et les faits sont des
» règles. La Providence l'a voulu ainsi pour le
» repos du monde (*a*). »

(*a*) L. de M. l'évêque de Blois à M. Adam.

M. de la Luzerne, évêque de Langres, dans une savante dissertation sur la *Promesse de Fidélité*, a prouvé que les chrétiens des premiers siècles, soit dans le sénat, soit dans les armées, prêtaient annuellement serment de fidélité aux lois *présentes et à venir* des Empereurs. Or tout le monde sait, et M. de la Luzerne a soin de le faire remarquer, que, 1.º parmi ces lois il y en avait d'immorales et cruelles ; 2.º que plusieurs des Empereurs qui ont régné pendant le long intervalle de temps où l'usage du serment annuel s'est maintenu, n'étaient que des usurpateurs (*a*).

M. de Lally-Tolendal, dans sa *Quatrième lettre au Rédacteur du Courier de Londres*, publiée à Londres en 1801, a reproduit sous nos yeux l'exemple des évêques de l'Église gallicane du cinquième siècle. C'est là qu'il faut lire les détails. En deux mots, les Gaules échappent à l'empire romain ; des souverains d'un jour régnent, disparaissent, et d'autres les remplacent ; les évêques, premiers citoyens, subissent la loi du plus fort, et se soumettent à

(*a*) Voy. le Rapport gén. des Contest. relatives à la prom. de fidélité, pag. 183 et suiv.

la domination d'Euric, injuste conquérant et usurpateur (a).

On cite avec raison la doctrine et la conduite des évêques de France, toutes les fois qu'ils ont été appelés à donner au Roi des témoignages de leur fidélité. Mais qu'on y fasse bien attention, et l'on verra que cette doctrine et ces exemples dont le clergé s'honore, n'ont pas la moindre analogie avec les circonstances de nos révolutions modernes. Ils ne se rapportent qu'à des temps de troubles partiels et de factions locales, où la puissance royale attaquée par les uns était soutenue par d'autres non moins actifs et plus nombreux; où le Roi, présent dans son royaume, ralliait sous sa bannière protectrice, ses sujets qui accouraient pour le défendre, où la fidélité au souverain légitime et la résistance au chef de parti avaient un but raisonnable, et qu'il était possible d'atteindre. Alors en effet le devoir de tout sujet fidèle était de braver le danger attaché à d'utiles efforts, et de s'écrier dans un vertueux enthousiasme : — « Est-il d'autre parti que celui de nos Rois ? » Alors enfin ne retentissait pas, comme il a re-

---

(a) Lettres au rédacteur du Courier de Londres. — Quatrième Lettre, pag. 72 et suiv.

tenti depuis vingt-cinq ans, *ce cri de la nature* dont parle Saint Augustin (*a*), et que toutes les Nations ont regardé comme *la voix de Dieu*; ce cri de la nature qui veut que le salut du Peuple soit la loi suprême ; que la résistance, la guerre et la confusion aient un terme, et qui légitime la soumission aux lois de l'usurpateur, lorsqu'il exerce, par le fait, la puissance suprême.

Maintenant, que l'on examine, en suivant la marche de l'histoire, quelle a été la conduite des Évêques Français et des hommes vertueux dans les changemens de dynasties, qui n'ont pu commencer que par la violation du droit héréditaire ; quelle a été celle des Évêques Anglais, des Universités d'Oxford et de Cambridge (*b*), avant la *conquête*, pendant la *conquête*, après la *conquête*, durant les démêlés sanglans des maisons de Lancastre et d'Yorck; en un mot, à presque toutes les époques recu-

---

(*a*) *De Civit. Dei*, *l*. XXIII, *cap*. 2.

(*b*) Le célèbre jugement que rendit l'Université d'Oxford, le premier juin 1647, ne contredit en rien la doctrine que j'expose. Il me suffit de l'affirmer dans cette Note, sauf à en donner la preuve, si ce point est contesté.

lées de cette contrée, jadis si fertile en révolutions ; quelle a été la conduite des Évêques et des hommes vertueux de tous les pays du monde, dans des circonstances à-peu-près semblables ; des Évêques Polonais, lors du premier démembrement de leur patrie, ou à l'époque du second partage qui a tout absorbé ; du Pape Pie VI, qui écrit ces paroles mémorables : *Fedeltà ed attaccamento*, et des Évêques d'Italie, qui les ont répétées à l'apparition des armées françaises ; des Évêques Vénitiens en particulier, lorsqu'ils ont vu transporter tout-à-coup à l'Empereur d'Allemagne, et par la seule volonté de la République française, la soumission qu'ils avaient jurée à leurs anciens Souverains.

Les nuances accidentelles de ces évènemens peuvent être différentes ; mais il n'y a pas la moindre différence dans la pratique, et dans les principes qui en ont été le mobile.

Venant aux argumens pris de la raison, du bien de la société, de l'intérêt de la Religion, des maux de l'anarchie, il serait facile de montrer avec M. de Bausset, ancien évêque d'Alais, que la société humaine repose sur les deux principes suivans, comme sur deux grands pivots : l'un, que « le salut du Peuple est la suprême loi ; » l'autre, que « la tranquillité

» publique est le suprême bien ». De ces deux principes on déduira avec le même Prélat « le » principe raisonnable et conservateur, qui » invite à respecter l'ordre établi, par-tout où » l'exercice de la puissance souveraine se ma- » nifeste par des caractères sensibles, par une » action uniforme, par la soumission, *libre* » *ou forcée*, du plus grand nombre (*a*). »

L'autorité des Publicistes ne doit pas être né- gligée ; car si tous n'admettent pas les prin- cipes de la Religion catholique, leurs Ouvrages doivent au moins être considérés comme faisant partie de la *raison écrite* des Nations, et cela en proportion de la faveur universelle qu'ils ont obtenue.

Blackstone, dans son Commentaire sur les Lois Anglaises, dit qu'on doit à l'usurpateur assis sur le trône (a King *de facto and not de jure*) « une allégeance temporaire, à raison de » son administration du gouvernement........ » Les sujets sont excusés et justifiés, *quoiqu'ils* » *lui aient obéi et qu'ils l'aient servi*. Au- » trement », continue Blackstone, » personne » ne serait en sûreté sous un usurpateur ; car » le Prince légitime aurait droit de faire pendre

---

(*a*) Exposé des Princ. sur le serm. de lib. et d'égalité, seconde édit., pag. 82 et 88.

» un homme à raison de son obéissance à la
» puissance existante par le fait ; comme l'u-
» surpateur, de son côté, ne manquerait pas
» de le faire pendre, s'il lui désobéissait........
» Et les choses demeurent en cet état, jusqu'à
» ce qu'il plaise à la Providence d'intervenir
» en faveur du Prince légitime (a). »

Les Publicistes et la Nation anglaise toute entière ont, non-seulement *excusé*, mais loué et honoré les Royalistes qui, à l'époque du Protectorat, acceptèrent les emplois civils ou de judicature dont ils étaient investis par Cromwel, quoiqu'ils fussent bien éloignés de reconnaître la légitimité de son titre et de son gouvernement. Parmi ces Royalistes, j'en citerai deux sur-tout que l'histoire représente comme doués, non-seulement d'un caractère irréprochable, mais d'une vertu si pure que l'Angleterre, et avec elle toute l'Europe, ne prononcent encore aujourd'hui leurs noms qu'avec respect. Le premier est sir Matthieu Hales, dont le docteur Burnet, Évêque de Salisbury, disait, « qu'aux yeux de la postérité ce serait

---

(a) Comment. on the Laws of Engl. by W. Blackstone, the fourth Edit. Clarend. press, Vol. IV. B. IV. ch. 6.

» un titre d'honneur d'être descendu de ce grand
» homme. » *Après de mûres réflexions*, dit Runnington dans l'histoire de sa vie, il accepta de Cromwel, et exerça, pendant toute la durée du Protectorat, un des premiers offices de judicature. A la restauration, loin d'être blâmé, il fut honoré, et nommé par le Roi *Lord-Chef-Baron* (a). « Le second est le Général Monck.
» Entraîné par la force des circonstances, » dit son historien Thomas Gumble, on le voit servir la cause du Parlement, accompagner Cromwel dans son expédition contre l'Écosse, s'élever, par la nomination du Protecteur, au grade de Lieutenant-Général, gouverner l'Écosse et la réunir à la République d'Angleterre, faire proclamer en Écosse Richard, fils du Protecteur, et se montrer sévère aux Royalistes, dont les vains efforts, pour rétablir le Souverain légitime, troublaient sans utilité la paix publique. Espérait-il alors devenir un jour le restaurateur de la Monarchie anglaise ? L'histoire ne le dit pas, et il paraît au contraire que Monck ne songeait qu'à servir son pays,

---

(a) The Hist. of Comm. Law, by sir Matth. Hales. — The Fifth edit, to which is prefixed the Life of Hales, by Ch. Runn.

tout en exerçant divers emplois au nom de l'usurpateur. Enfin, il reçoit une lettre de Charles II, lettre bien inattendue, puisqu'on voit encore Monck délibérer avec son ami Guillaume Morris, s'il se dévouera pour la cause royale, au milieu *d'une génération tortue et perverse*. Les grandes qualités que le Général Monck déploya pour le succès de son entreprise, depuis le moment où il résolut de servir la cause du Roi, n'appartiennent pas directement au sujet que je traite, et je me borne à remarquer qu'il a été, à raison de sa conduite pendant la longue durée du Protectorat, *loué et honoré* par la Nation anglaise et par les Royalistes les plus purs. Le rétablissement du Roi fit élever le Général Monck au rang de Duc d'Albemarle, et lui assura les hommages de la postérité. Sa conduite sage et modérée, mais active et utile à son pays pendant la révolution, lui avait attiré l'estime publique, celle du Roi lui-même, et de tous ceux qui lui étaient le plus passionément dévoués (*a*). Il en a été de même de cette foule de Royalistes qui avaient suivi l'exemple du

---

(*a*) Vie du Gén. Monck, écrite en 1802, d'après Thom. Gumble, et publiée en 1815.

Général Monck avant la restauration. Ils s'étaient soumis au gouvernement du Protecteur, tant qu'avaient duré l'usurpation et le despotisme républicain; ils n'avaient pas cru, disent l'Évêque de Salisbury, le grand royaliste Comte de Clarendon, Ministre de Charles II, et M. Burke, que leur opinion politique dût les empêcher d'exercer avec intégrité leurs emplois, au nom de Cromwel et de la République (*a*).

Puffendorff, dans sa *Dissertation sur les Interrègnes*, et sur-tout au liv. VII, chap. 8 du *Droit de la Nature et des Gens*, examine à fond la question délicate dont je m'occupe, et voici le résumé de sa doctrine qui s'enseigne dans toutes les Universités, et que professent tous les hommes d'État.

« Lorsque le Prince légitime se trouve ré-
» duit à une telle extrémité, qu'il est absolu-
» ment hors d'état d'exercer envers ses Sujets
» aucune fonction de Souverain, on est *obligé*
» d'obéir à celui qui est en possession de la
» puissance, *à tel titre que ce soit*....... Un
» Prince raisonnable et juste ne peut pas vou-
» loir que ses Sujets se sacrifient, sans qu'il en

(*a*) Lettre de M. Burke à un membre de l'Ass. Nat.

» revienne d'autre fruit que de lui témoigner
» un zèle impuissant........ S'il se trouve réduit
» à un tel état qu'il lui soit impossible de dé-
» fendre ses Sujets, comme il y est obligé en
» tant que Souverain, et que d'un autre côté
» ses Sujets n'aient pas non plus assez de force
» pour résister à l'usurpateur, sans s'exposer
» eux-mêmes à une ruine certaine, il y a lieu
» de présumer que le Prince dépossédé dé-
» charge ses Sujets, autant qu'il est nécessaire
» pour leur propre conservation, de l'obliga-
» tion où ils étaient envers lui, jusqu'à ce que
» la Providence lui ouvre quelque voie favo-
» rable pour remonter sur le trône. *Ainsi les*
» *engagemens où ils sont, en vertu du serment*
» *de fidélité qu'ils ont prêté à l'usurpateur*, ne
» s'étendent pas plus loin, et ne sont pas tant
» fondés sur un motif de conscience, que sur
» la nécessité de se délivrer du danger pré-
» sent (*a*). »

(*a*) Voilà bien, selon Puffendorf, et selon les Écrivains innombrables qui ont suivi son enseignement, le sens précis du serment de fidélité que l'on est appelé à prêter à un usurpateur quelconque, et qu'a indiqué l'auteur du *Rapport général des contestations relatives à la promesse de fidélité*. Il ne s'étend pas plus loin que ne l'exigent la conservation des sujets, la

A l'autorité de Puffendorf se joint celle de Barbeyrac, son traducteur et commentateur.

Avant eux Suarès dans le *Traité des Lois*, Lessius dans le *Traité du Droit et de la Justice*, avaient établi la même doctrine en termes équivalens, et je vous renvoie aux Ouvrages de ces deux savans Jésuites.

Grotius dans son *Traité du Droit de la Guerre et de la Paix*, fixait, d'après les mêmes principes, « la manière dont on doit agir envers
» un Usurpateur, non pas depuis qu'il a ac-
» quis un véritable droit par une longue pos-
» session; mais pendant tout le temps que le
» titre de sa possession est injuste. » (a)

Burlamaqui n'a pas été moins positif que ses

___

sécurité publique et le maintien de l'ordre social. L'usurpateur lui-même ne s'attend pas que les Sujets, soumis par la force, y joignent ce sentiment d'affection qu'ils éprouvent pour leur Souverain légitime, et qui ajoute tant de force, qui donne tant d'étendue au serment de fidélité. Ils lui disent équivalemment ce que le Diacre Pélage, qui succéda depuis au Pape Vigile, dit à Totila, injuste conquérant et usurpateur, lorsque, l'Évangile à la main, il l'aborda dans l'Église de Saint-Pierre : « Seigneur, épargnez les vôtres. — Dieu m'a
» soumis à vous; épargnez vos Sujets. »

(a) Dr. de la guerre et de la paix, l. I, ch. IV, §. 15.

devanciers sur les principes de la fidélité due au Souverain légitime ; mais, comme eux, en établissant les *Principes du Droit politique*, il ne balance pas à prononcer la légitimité de la soumission à un Gouvernement quelconque, quoiqu'il ne soit établi que *par le fait*, et sans aucun titre qui le rende légitime. (*a*)

Voilà quels sont mes principes, et je suis loin de les désavouer, puisqu'ils ont été la règle de ma conduite depuis 1802. Ils sont particulièrement applicables aux circonstances, où il a plu à la Providence de me placer depuis le 20 du mois de Mars jusqu'au retour du Roi, et ce sera, Monsieur, le sujet d'une nouvelle lettre que j'aurai l'honneur de vous écrire.

† L. M. Archev. de Tours.

(*a*) Princ. du Droit polit., 2.ᵉ p., ch. III, § 2.

III.ᵉ ET DERNIÈRE LETTRE.

Paris, le 17 août 1815.

Vous avez su, Monsieur, qu'au mois de Mars une lettre de Sa Majesté me rappelait à Paris en ma qualité de Pair. J'accours, et au moment de mon arrivée, à la séance du 16 mars, je partage l'émotion universelle qui se manifesta d'une manière si sensible, lorsque le Roi, *disposé à mourir pour son peuple, appelait le concours des deux Chambres pour donner à l'autorité toute la force qui lui est nécessaire.*

Les événemens se pressent. La défection fait des progrès rapides. — La séance des deux Chambres est ajournée, et Sa Majesté annonce qu'elle va les convoquer dans une ville du Royaume qu'Elle se réserve de désigner. Vous savez, Monsieur, que cette désignation que nous attendîmes pour y obéir, à nos risques et périls, n'a pas eu lieu.

Bientôt le Roi se voit forcé à s'éloigner de Paris. Sa maison militaire est dissoute. — Il passe la frontière, et ceux qui marchent à sa suite, ou seulement en pays étrangers, jouissent à l'instant même d'une sécurité parfaite.

Il n'en était pas de même de nous, qui restions exposés sur la brêche. — Bonaparte arrive. Le règne de l'inquisition et de la terreur commence. — Les prêtres sont particulièrement signalés. On les insulte en public. On les menace. On les abandonne aux dérisions de la populace, aux clameurs de la multitude, et il est de notoriété publique que plusieurs des Détachemens militaires, qui passent et repassent dans les villes et dans les campagnes, se mêlent à ces cris forcenés. « Comment nous y opposer, di- » sent quelques-uns de leurs chefs ? C'est mal- » heureux ! mais ça sert à les électriser. » — Il semble même qu'avant son départ le Roi avait prévu, dans sa sagesse, les dangers qu'allaient courir les prêtres ; car à cette époque il nous fut dit qu'on lui demanda s'il avait des ordres particuliers à donner au Clergé. Non, dit Sa Majesté avec bonté : « Le Clergé est trop mal- « heureux, trop faible, trop en butte à la » malveillance pour être en état de subir une » nouvelle persécution. » C'était nous dire de ployer pour un temps, de louvoyer, de céder à l'empire suprême des circonstances ; c'était nous répéter en termes équivalens tout ce que j'ai précédemment transcrit d'après les autorités les plus respectables ; d'autant plus que, dans l'état des choses, toute résistance de la part du Clergé n'aurait évidemment servi qu'à faire assommer les Prêtres, sans être d'aucune utilité pour la cause du Roi. Le salut de la France était aux frontières, et l'Europe réunie pouvait seule, en la subjuguant, y rétablir l'autorité Royale.

J'abrège ces récits. Je fus un des derniers à me montrer à l'audience de Bonaparte; mais je m'y montrai parce que sans cela je ne pouvais pas rester un instant de plus à Paris. Je voulais retourner dans mon Diocèse; mais les dénonciations les plus graves commençaient à pleuvoir contre mes Grands-Vicaires, contre les Chanoines, les Curés et les Desservans. Les autorités nouvelles accusaient sans relâche les prétendus perturbateurs de la paix publique, leur mauvais esprit, leur incivisme. Elles voulaient des surveillances locales, des proscriptions, des exils. On provoquait des destitutions arbitraires. J'ai dans mon porte-feuille des preuves écrites de tous ces faits. Moi seul, je pouvais, en restant à Paris, en temporisant, en colorant de mon mieux des imprudences, en expliquant les faits susceptibles d'explication, en me refusant à des mesures de rigueur et me portant caution pour l'avenir, conjurer de plus sérieux orages dont mes Prêtres étaient menacés. J'ai eu le bonheur d'y réussir, au point que, dans mon Diocèse, il n'y a eu que des injures dites, des menaces proférées, des vitres cassées à l'Archevêché, au Séminaire, et dans quelques Presbytères.

L'*Acte additionel* aux Constitutions de l'Empire est enfin publié, et soumis, pour la forme, à l'acceptation du Peuple. Dès-lors il s'agissait de se prononcer d'une manière active, et d'émettre un vote personnel. Ceci sortait de la classe des principes ci-dessus énoncés. Je n'hésitai pas sur la conduite que j'avais à tenir. J'allai trouver le Ministre de la Police, dont j'étais encore loin de soupçonner la marche royaliste. Je lui déclarai que si cet Acte recevait l'acceptation extérieure dont il devait être revêtu, je m'y soumettrais comme contraint, et sans faire une résistance aussi dangereuse qu'inutile; — mais j'ajoutai avec franchise et courage, et je ne doute pas que ce Ministre ne m'en rende le témoignage, que je n'irais pas voter comme citoyen par un vote actif, ni n'engagerais en aucune sorte mes Prêtres à voter comme tels, et cela principalement *à cause de l'article* 67 où il s'agit des Bourbons, auxquels je devais reconnaissance et dévouement.

Au sortir de chez le Ministre de la Police, et ne voulant pas que mon refus pût être ignoré du Gouvernement, j'allai faire la même déclaration au Ministre Directeur général des Cultes, et je l'ai renouvelée en toute occasion sans être arrêté par la crainte de me compromettre.

Deux jours avant la tenue de l'Assemblée du Champ de Mai, je reçus l'ordre positif et par écrit de dire la Messe. Rien ne pouvait me dispenser d'obéir, s'agissant de prier pour attirer sur la France les bénédictions de la justice et de la paix. Assurément je ne fis alors rien de pire que ce qu'avait fait le Pape S. Grégoire, lorsqu'il plaça dans l'Oratoire de S. Césaire les images de Phocas et de Léontia. Comme lui je crus devoir *me soumettre,* selon l'expression de l'historien de l'Eglise, *à l'ordre terrible de la Providence.* Mais je doute qu'un tel genre de soumission fût aujourd'hui pardonné par nos exagérateurs à ce Pontife dont l'Eglise honore la sainteté, et encore moins lui pardonnerait-on d'avoir envoyé à Phocas *le Diacre Boniface en qualité de Nonce.* Quoi qu'il en soit, on m'a objecté que j'aurois dû feindre une maladie, et refuser, sous ce prétexte, d'assister au Champ de Mai. J'avoue que la pensée m'en est venue, car j'étais au désespoir. Mais l'exemple de S. Grégoire prévalut, et je me souvins qu'il ne s'était servi d'aucun faux prétexte pour éviter de se rendre, au jour marqué, à l'Oratoire de S. Césaire. J'ai donc repoussé la feinte qu'on me suggérait, comme étant indigne d'un Evêque et de mon caractère personnel.

Nommé Pair, c'était une nécessité et par conséquent un devoir d'accepter, pour ne pas redoubler au dernier moment les calamités publiques, et celles qui devaient être particulières au Clergé. Il ne pouvait y avoir de difficulté qu'au sujet de la prestation du *serment de fidélité à l'Empereur, et d'obéissance aux Constitutions de l'Empire*. Mais cette difficulté n'était en réalité qu'une forte répugnance, que le devoir, dans des circonstances aussi orageuses, m'invitait à surmonter.

Le serment tel qu'il vient d'être rapporté, renferme deux parties bien distinctes. Considéré dans son ensemble, j'observe qu'il n'y a personne, même parmi ceux qui se disent le plus dévouées à l'ancienne Monarchie, qui ne convienne que, dans les temps de crise, on peut, sans déroger à la loyauté, que même souvent on doit promettre d'obéir aux lois nouvelles, et de ne rien faire contre le conquérant ou l'usurpateur. Or il est clair comme le jour que la promesse, ou le serment d'obéir aux lois, et de ne rien faire contre le conquérant ou l'usurpateur, est parfaitement synonyme avec la promesse, ou le serment pur et simple *d'obéissance aux constitutions et de fidélité à l'Empereur.* Dès-lors toutes les questions qu'on élève là-dessus, ne sont plus que d'insignifiantes disputes de mots ; et pour les terminer sans coup férir, il suffit de renvoyer, soit aux livres usuels de grammaire, soit à des explications cent fois données depuis le commencement de nos discordes civiles.

Laissant là pour un moment le serment *d'obéissance aux constitutions,* je ne m'occuperai que du serment *de fidélité.* Pour en sentir la légitimité dans les circonstances données, il suffit de se ressouvenir des exemples et des autorités déjà cités, du Pape Pélage I.er, du Pape S. Grégoire, des *Fedeltà ed attacamento* du Pape Pie VI, et d'y joindre d'autres souverains Pontifes que je nommerais avec avantage, s'il était nécessaire d'invoquer ici leur témoignage ; de S. Ambroise, de S. Augustin, d'une foule d'autres Pères de l'Église, ou d'Auteurs ecclésiastiques du plus grand renom ; des Évêques de France à différentes époques, des Évêques Poonais, des Évêques Vénitiens et de ceux du reste de l'Italie.. J'y joindrais ces milliers de Royalistes de tous les pays du monde, Royalistes par principe et par affection, et qui néanmoins, soit afin de pourvoir à leur propre sûreté, soit pour ne pas multiplier les agitations sanglantes des peuples, soit pour recouvrer leurs biens, soit pour exercer avec intégrité les emplois publics dont la société ne peut se passer sous une forme ou sous une autre, ont courbé leurs têtes sous le joug de l'usurpateur, et lui ont prêté le serment d'allégeance ou de fidélité que prescrivait la loi du moment. J'y joindrais enfin l'autorité de tous les Publicistes, et je rappellerais sur-tout les limites, prises de la nature des circonstances et de la nature des choses, qu'assigne Puffendorf au serment de fidélité, quand on est appelé à le prêter à un usurpateur. Lorsqu'on se voit environné d'un cortège aussi honorable d'exemples, d'autorités et de raisons sans replique, on peut se dispenser de souscrire aux arrêts que portent des hommes passionnés, qui, s'érigeant de leur chef en juges suprêmes de l'honneur, censurent avec amertume leurs égaux en loyauté, à qui le devoir de leur ministère, leur position personnelle n'ont pas permis de fuir, ou de se soustraire *prudemment* à tous les regards, dans le moment de l'oppression et du danger de la commune patrie.

Au sujet du serment d'obéissance aux constitutions de l'Empire, il me suffit de remarquer qu'ayant ouvertement refusé de voter, comme citoyen, pour l'*Acte additionnel* du 22 avril, j'avais, selon l'expression aussi heureuse que juste de M. de Thémines, refusé *mon suffrage;* en prêtant le serment d'*obéissance* que la crise politique m'obligeait à prêter, *je n'engageais que ma soumission* individuelle : et cet engagement était légitime. Tout d'ailleurs marchait avec rapidité au dénouement, et les moins clairvoyans ne pouvaient pas s'y tromper, puisqu'alors, c'est-à-dire au commencement de juin, toutes les troupes de l'Europe s'agglomérsient sur nos frontières avec un ensemble irrésistible. Dès-lors il était du devoir d'un honnête homme et d'un Évêque de ne rien faire de marquant, et qui pût rendre ce dénouement extrêmement tragique.

J'appris avec douleur qu'à l'instant où nos vœux étaient remplis par la rentrée du Roi dans la Capitale de son Royaume, notre conduite était désapprouvée sans aucun égard pour les circonstances, et qu'elle serait punie par la privation de la Pairie.

L'Ordonnance du 24 juillet a vérifié cette annonce.

Dès ce moment j'ai jugé que la retraite absolue était le seul parti qui pût me convenir. Ma conscience ne me reproche rien ; mais dégradé civilement aux yeux de mes Diocésains, quels que soient les palliatifs insérés dans le préambule de l'Ordonnance, je n'irai pas continuer l'exercice d'un ministère, qui serait désormais sans fruit, comme sans dignité. Dieu m'est témoin que je ne suis rentré en France en 1802, que pour contribuer, par mes travaux, à sauver la Religion et la bonne morale dans mon pays. Ce motif n'existe plus, et parmi un grand nombre de Prêtres zélés, il sera facile de discerner ceux qui méritent le mieux d'être élevés au rang de premiers pasteurs. Nous venons d'exercer un Episcopat rempli de troubles et d'alarmes, et le travail de ceux qui vont entrer dans cette carrière sera du moins encouragé et vivifié par l'espérance.

Quant à moi, après vingt cinq ans d'orages, arrivé à l'âge de 69 ans, je vais demander qu'il me soit permis de chercher le repos dans le silence et la médiocrité. Je ne cesserai pas d'y faire des vœux pour la prospérité de la France, pour la gloire et le bonheur de Sa Majesté, et surtout pour qu'elle trouve dans le cœur de tous ses sujets un dévouement aussi profond et aussi respectueux que le mien.

Adieu, Monsieur. D'après la réquisition amicale que j'ai reçue de vous, je viens d'exposer sans tergiversation les principes qui ont dirigé ma conduite. On n'a jamais attaqué, depuis 25 ans, leur exactitude politique ou théologique, qu'en s'isolant des circonstances réelles où ils recevaient leur application, en sortant du véritable état de la seule question qu'il y eut à résoudre, ou par de pures déclamations dont la phraséologie peut chatouiller l'oreille, mais que la saine logique désavoue. Quant au public qui, dans les temps de crise, juge avec une légéreté inhumaine, mais non pas sans retour, j'ai la confiance qu'avant peu il s'étonnera d'avoir oublié ou méconnu ces mêmes principes. Lorsque les effervescences que produit la réaction seront calmées, l'inexorable esprit de parti ne sera plus la règle de l'opinion, et l'équité aura son tour. — Agréez, je vous prie, le témoignage de toute mon estime et celui de ma vieille et bonne amitié.

M. Archev. de Tours.

FIN.

www.ingramcontent.com/pod-product-compliance
Lightning Source LLC
Chambersburg PA
CBHW060957050426
42453CB00009B/1207